Les Crèmes
de Christophe

Leçon de pâtisserie N° 4

Du même auteur aux éditions Minerva :

Les clafoutis de Christophe
Les gratins de Christophe
Glaces et desserts glacés avec Pierre Paillon
Mes 100 recettes de gâteaux
Le chocolat de Christophe
Leçon n° 1 : Les gâteaux de l'Avent de Christophe
Leçon n° 2 : Les chocolats et petites bouchées de Christophe
Les Dim Délices
Leçon n° 3 : Les pâtes et tartes de Christophe

Conception graphique :

Connectez-vous sur :
www.lamartiniere.fr

© 2006 Éditions Minerva, Genève (Suisse)
ISBN : 2-8307-0868-7

Christophe Felder

Les Crèmes de Christophe

Leçon de pâtisserie N° 4

Photographies de Alain Gelberger

Stylisme de Catherine Bouillot

Minerva

La fabrication des crèmes

Avant toute recette, une petite leçon est nécessaire sur les principales matières premières de ce livre : le lait et la crème.

Le lait

Le lait est un produit fragile, afin de prolonger sa durée de conservation et de préserver ses qualités principales, des traitements lui sont appliqués.

Voici les différents types de lait :

- Le lait cru : vous le trouverez au rayon frais de certains magasins. Il se présente en bouteille à bouchon jaune vif. Il ne subit aucun traitement, et il peut se conserver au maximum 72 heures après sa mise en bouteille. C'est le plus onctueux et le plus aromatique des laits.
- Le lait frais pasteurisé : c'est le lait que vous trouverez dans tous les rayons frais. La pasteurisation consiste à chauffer le lait pendant 20 secondes entre 72 °C et 85 °C. Cette opération conserve les qualités gustatives du produit. Le lait pasteurisé entier est celui qui se rapproche le plus du lait cru. Il se conserve 7 jours maximum. Il peut être entier ou demi-écrémé.
- Le lait stérilisé UHT : c'est le lait le plus courant en France aujourd'hui. Vous le trouverez le plus souvent en briques. Il est chauffé à 140-150 °C durant quelques secondes puis stocké. Il se conserve 90 jours à température ambiante. On le trouve entier, demi-écrémé ou écrémé.

Différences entre lait entier, demi-écrémé et écrémé

Le lait entier
Il contient 36 g de matière grasse par litre. Les bouteilles sont munies d'un bouchon rouge. Qu'il soit pasteurisé ou stérilisé, le lait entier est celui qui révèle le plus d'arômes.

Le lait demi-écrémé
Il contient entre 15 et 18 g de matière grasse au litre. Les bouteilles sont munies d'un bouchon bleu. Il représente 80 % du lait consommé en France.

Le lait écrémé
Il ne contient pas de matière grasse. Les bouteilles sont munies d'un bouchon de couleur verte. C'est le lait qui a le moins de goût, il est plus translucide que le lait entier.

Préférez l'utilisation du lait pasteurisé entier pour toutes vos préparations.

La crème

La crème provient exclusivement du lait. L'addition de toute autre matière grasse est formellement interdite (loi du 29 juin 1934). Selon la réglementation en vigueur, le droit de s'appeler « crème » est réservé à une production réalisée avec du lait contenant au moins 30 % de matière grasse (décret du 23 avril 1980).

Les différents types de crème :

- La crème crue : ni pasteurisée ni stérilisée, elle est directement issue de l'écrémage. Elle est refroidie et conditionnée à 6 °C et contient de 30 à 40 % de matière grasse. Sa durée de vie est assez limitée.
- La crème fraîche pasteurisée liquide (crème fleurette) : liquide et douce, elle est simplement pasteurisée dans le but d'améliorer sa conservation. Les professionnels l'apprécient pour sa qualité de « foisonnement » (sa capacité à intégrer des bulles d'air qui la transformeront en crème fouettée). Elle a un goût unique qui fera la différence dans toutes vos préparations.
- La crème fraîche pasteurisée épaisse : c'est une crème qui est maturée. On lui a simplement ajouté des ferments lactiques après la pasteurisation, ce qui la rend plus épaisse, acide et riche en arômes. Contrairement aux idées reçues, la crème épaisse (aussi appelée crème double) n'est pas plus grasse que la crème liquide.
- La crème UT : cette crème est stérilisée à 150 °C pendant 2 secondes puis refroidie rapidement. Elle reste liquide et se conserve plus longtemps. Elle existe entière ou allégée.

La crème entière contient en moyenne 32 % de matière grasse contre 15 % pour les crèmes allégées (ou légères).

Préférez l'usage de crème entière (ou fleurette) pour la préparation de toutes les recettes de ce livre. Elle a un goût nettement meilleur. De plus, vous aurez moins de difficultés pour la monter en chantilly.

À propos de la crème montée : stockez votre crème 24 heures à l'avance au réfrigérateur. Il est préférable de placer le fouet ainsi que le récipient au frais avant de fouetter la crème.

Conservation et cuisson des crèmes

Pour la conservation : réalisez ces recettes au maximum 24 heures à l'avance afin d'éviter tout risque d'intoxication liée aux œufs. La conservation totale des produits est de 48 heures.

De cette façon, vous éviterez aussi à vos crèmes « d'absorber » les odeurs de votre réfrigérateur.

Pour les cuissons au four : préférez la cuisson dans un four ayant la ventilation coupée. Une cuisson lente est toujours préférable afin de ne pas « brusquer » les crèmes. La cuisson au bain-marie (dans le four) permet une cuisson plus douce et évite la formation de bulles à l'intérieur des crèmes.

Bien sûr, si la taille des contenants diffère de celle que vous voyez sur les photos, les temps de cuisson se rallongent.

Crème anglaise à la vanille Bourbon

Si vous souhaitez réaliser une crème anglaise à la vanille, répétez simplement les pas à pas 1 à 4 de la recette de la bavaroise chocolat blanc (p. 32) avec les proportions suivantes : 35 cl de lait, 25 cl de crème liquide, 115 g de sucre, 6 jaunes d'œufs et 2 gousses de vanille grattées.

Équivalence thermostat/température

Thermostat 1 = 50 °C	Thermostat 6 = 180-200 °C
Thermostat 2 = 60-80 °C	Thermostat 7 = 210-230 °C
Thermostat 3 = 90-110 °C	Thermostat 8 = 240-260 °C
Thermostat 4 = 120-140°C	Thermostat 9 = 270-290 °C
Thermostat 5 = 150-170 °C	Thermostat 10 = 300 °C

Les Crèmes de Christophe

Crème Chantilly (meringue français

Préparez d'abord la meringue car elle nécessite une cuisson longue.

Versez les blancs d'œufs dans un récipient et fouettez-les avec un peu de sucre semoule (1).

Lorsque les blancs commencent à être bien montés, versez le sucre semoule au fur et à mesure (2).

Continuez à fouetter jusqu'à obtention d'une meringue bien blanche (3) et qui tient entre les branches de votre fouet (4).

Tamisez ensuite le sucre glace directement sur la meringue (5) et mélangez à l'aide d'une spatule en caoutchouc (6).

Préchauffez votre four à 150 °C.

Remplissez une poche à douille munie d'une douille lisse de cette préparation, et réalisez des boudins de meringue sur une plaque recouverte de papier sulfurisé (7).

Saupoudrez les boudins de sucre glace (8) à l'aide d'une passoire fine. . .

Ingrédients

Pour 6 personnes

Temps de préparation : 20 minutes
Temps de cuisson : 2 heures 10

Pour la meringue

3 blancs d'œufs
100 g de sucre semoule
100 g de sucre glace
+ 50 g de sucre glace pour saupoudrer

Pour la crème

25 cl de crème liquide entière
50 g de sucre semoule
1 cuillère à café de kirsch
1 cuillère à café de vanille liquide

1 Mettez les blancs d'œufs dans un récipient et fouettez-les avec un peu de sucre semoule.

2 Versez le sucre au fur et à mesure du montage.

3 La meringue doit être lisse et homogène.

4 Voici la texture souhaitée.

5 Ajoutez le sucre glace en le tamisant directement sur le mélange.

6 Mélangez à l'aide d'une spatule en caoutchouc.

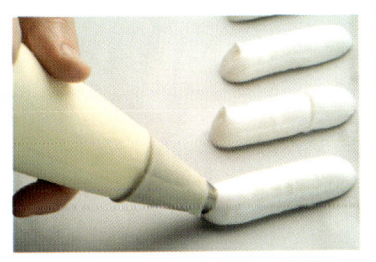

7 Avec une poche à douille, formez des boudins de meringue sur une plaque couverte de papier sulfurisé.

8 Saupoudrez légèrement les boudins de sucre glace. Enfournez pour 8 min à 150 °C et puis 2 h 20 à 90 °C.

(. . .)

Leçon n°1 Crème Chantilly (meringue français...

Enfournez à 150 °C durant 8 minutes, puis baissez votre four à 90 °C.

Laissez cuire pendant 2 heures environ.

Les meringues sont cuites lorsqu'elles sont bien sèches à l'intérieur. Laissez-les complètement refroidir avant de les garnir.

Versez la crème dans un récipient que vous posez dans un saladier contenant des glaçons (9).

Fouettez la crème (10).

Lorsqu'elle commence à être montée, ajoutez-lui le sucre semoule (11), le kirsch (12) et, enfin, la vanille liquide (13).

Cessez de battre lorsque la crème a une bonne tenue entre les branches de votre fouet.

Collez les meringues deux par deux avec de la chantilly (14).

Ensuite, en vous aidant d'une poche munie d'une douille cannelée, réalisez de belles rosaces de crème sur chaque meringue (15).

Conseil: à consommer dans la journée.

Placez un récipient dans un autre contenant des glaçons.

10 Montez la crème dans le récipient refroidi.

11 Ajoutez ensuite le sucre semoule…

2 puis le kirsch…

13 et, enfin, la vanille liquide.

14 Collez les meringues 2 par 2 avec de la crème Chantilly.

5 Réalisez des rosaces de crème sur le dessus des meringues.

Leçon n°2 — Crème caramel

Préparez le caramel.

Versez la moitié du sucre dans une casserole à fond épais (1) et faites-le fondre sur feu moyen tout en remuant avec une spatule en bois (2).

Lorsque l'ensemble a fondu, ajoutez l'autre moitié du sucre (3) et continuez de cuire jusqu'à obtention d'un caramel régulier (c'est-à-dire homogène et d'une couleur uniforme) (4).

Coupez le feu et laissez le caramel prendre de la couleur (5) (il est encore très chaud dans la casserole, donc il continue à cuire).

Lorsque le caramel aura atteint la coloration souhaitée, plongez le fond de la casserole dans un récipient rempli d'eau froide pour stopper la cuisson (6).

Tandis que le caramel est encore fluide (7), versez-le dans des petits ramequins supportant la chaleur (8) sur une épaisseur de 5 mm environ.

Laissez complètement refroidir le caramel et pendant ce temps préparez la crème.

Préchauffez votre four à 160 °C.

Cassez les œufs entiers dans un récipient (9), ajoutez les jaunes d'œufs...

Ingrédients

Pour 8 personnes

Temps de préparation : 20 minutes
Temps de cuisson : 1 heure

Pour le caramel

250 g de sucre semoule

Pour la crème

6 œufs

4 jaunes d'œufs

200 g de sucre semoule

1 1/2 gousse de vanille

1 l de lait entier

1 Versez la moitié du sucre dans une casserole à fond épais.

2 Faites-le fondre sur feu moyen en le remuant tranquillement avec une spatule en bois.

3 Une fois la première partie fondue, ajoutez le restant de sucre.

4 Faites cuire jusqu'à obtention d'un caramel clair.

5 Éteignez le feu et laissez le caramel finir de cuire tout seul.

6 Lorsqu'il est cuit, plongez le fond de la casserole dans un récipient contenant de l'eau froide de manière à stopper la cuisson.

7 Voici la couleur et la texture souhaitées.

8 Répartissez le caramel dans des petits pots sur une épaisseur de 5 mm. Laissez refroidir.

9 Cassez les œufs dans un récipient, ajoutez les jaunes d'œufs.

(...)

Leçon n°2 — Crème caramel

Cassez-lez avec un fouet (10) puis versez dessus le sucre semoule (11) tout en continuant de mélanger avec le fouet (12). Prenez garde de ne faire ni mousser, ni blanchir l'appareil. Il s'agit d'un simple mélange.

Ajoutez la gousse et demie de vanille et mélangez à l'aide d'un petit mixeur (13) afin de mixer intégralement la vanille.

Une fois la gousse aromatique incorporée, versez le lait petit à petit (14).

Filtrez l'ensemble à l'aide d'une passoire fine (15) pour ôter les éventuels résidus de vanille.

À l'aide d'une louche, remplissez les pots contenant le caramel (16).

Tapissez le plat de papier sulfurisé et placez les pots dans ce plat contenant de l'eau froide sur 1 cm, afin d'avoir un bain-marie et enfournez pendant 1 heure Les crèmes sont cuites lorsque la crème n'est plus tremblotante.

Ensuite, laissez refroidir les crèmes complètement avant de les démouler.

Pour le démoulage : faites glisser la lame fine d'un petit couteau autour de la crème cuite (17) puis retournez-la sur une assiette. Ôtez le pot (18).

Et dégustez !

Cassez légèrement les œufs avec le fouet.

11 Versez le sucre semoule.

12 Fouettez l'ensemble légèrement sans faire mousser.

3 Ajoutez la gousse de vanille et mixez.

14 Versez le lait petit à petit tout en mélangeant.

15 Filtrez l'ensemble.

6 Remplissez les moules contenant le caramel durci. Enfournez au bain-marie pendant 1 heure à 160 °C. Laissez refroidir après cuisson.

17 Passez la lame d'un petit couteau sur le pourtour de chaque crème.

18 Retournez sur une assiette et ôtez le moule.

Leçon n°3 — Crème pâtissière flan à l'alsacienne

Versez le lait dans une casserole avec la moitié du sucre semoule (1). Faites chauffer sur feu moyen.

Versez le restant du sucre, la farine, la poudre à crème et les deux œufs dans un récipient (2). Fouettez vivement de manière à obtenir un mélange homogène (3).

Lorsque le liquide arrive à ébullition, versez-le dans le mélange précédent sans cesser de remuer (4).

Reversez dans la casserole cette préparation (5) et faites-la cuire sur feu moyen sans cesser de mélanger (6).

La crème va épaissir (7) et se mettre à bouillir. Arrêtez alors la cuisson et réservez à température ambiante, recouvert d'un film alimentaire...

Ingrédients

Pour 4 personnes

Temps de préparation : 20 minutes
Temps de cuisson : 10 minutes

Pour la crème

1/2 l de lait entier

120 g de sucre semoule

1 cuillère à café bombée de farine

40 g de poudre à crème pâtissière (en grande surface)

2 œufs

Pour la garniture

2 pommes boskoop

20 g d'orange confites

20 g de beurre

2 cl de liqueur d'orange

1 Faites chauffer sur feu moyen le lait et la moitié du sucre dans une casserole.

2 Placez dans le même récipient : les œufs, la farine, le reste du sucre et la poudre à crème.

3 Fouettez le tout vivement afin d'obtenir un mélange homogène et fluide.

4 Lorsque le liquide bout, versez-le sur les jaunes tout en fouettant.

5 Reversez le tout dans la casserole.

6 Faites cuire sur feu moyen sans cesser de remuer.

7 La crème va épaissir et bouillir. Arrêtez la cuisson aussitôt. Réservez à température ambiante.

(...)

Leçon n°3 Crème pâtissière flan à l'alsacienne

Préparez la garniture.

Épluchez les pommes à l'aide d'un économe, coupez-les en deux et videz-les. Coupez-les ensuite en huit (8).

Faites fondre le beurre dans une poêle. Déposez les quartiers de pommes et les zestes d'oranges confits (9). Faites-les revenir afin de bien les enrober de beurre.

Couvrez la casserole (10) et laissez cuire durant 5 minutes. Les pommes doivent être colorées et fondantes.

Lorsque les pommes sont cuites, versez dessus la liqueur d'orange (11) et faites-les flamber.

Puis arrêtez la cuisson.

Préchauffez votre four sur gril à 220 °C.

Répartissez les pommes dans 4 récipients allant au four (12).

En vous aidant d'une poche à douille (ou tout simplement à l'aide d'une cuillère), recouvrez les pommes de crème pâtissière à hauteur du moule (13).

Enfournez durant quelques minutes. Il faut juste colorer le dessus de la crème.

Laissez refroidir un petit peu avant de déguster.

Après avoir épluché et vidé les pommes, coupez-les en 8.

9 Faites cuire les pommes dans une poêle avec le beurre et les zestes d'oranges confits.

10 Couvrez et laissez cuire durant 5 min.

11 Versez la liqueur d'orange et flambez.

12 Répartissez les pommes dans 4 petits récipients allant au four.

13 Couvrez-les de crème pâtissière. Enfournez sous le gril à 220 °C durant quelques minutes, juste de façon à colorer le dessus des crèmes.

Leçon n°4 Crème brûlée vanille au zeste de citron vert

Fendez les gousses de vanille en deux dans la longueur et grattez-les avec la pointe de votre couteau de manière à ôter les graines aromatiques (1).

Versez le lait dans une casserole, ajoutez-lui les gousses de vanille (2) et portez-le à ébullition sur feu moyen. Retirez la casserole du feu et laissez infuser durant 10 minutes.

Pendant ce temps, mettez les jaunes d'œufs dans un récipient (3).

À l'aide d'un fouet, incorporez le sucre semoule aux jaunes d'œufs (4) et fouettez de manière à bien dissoudre le sucre (5).

Ingrédients

Pour 4 personnes
Temps de préparation : 20 minutes
Temps de cuisson : 1 h 15

2 1/2 gousses de vanille de Tahiti

25 cl de lait entier

70 g de sucre semoule

5 jaunes d'œufs

25 cl de crème liquide entière

1/2 zeste de citron vert

100 g de cassonade pour la finition

1 Fendez les gousses de vanille et grattez-les à l'aide d'un petit couteau.

2 Versez le lait dans une casserole, ajoutez la vanille grattée et portez à ébullition sur feu moyen. Retirez du feu et laissez infuser.

3 Mettez les jaunes d'œufs dans un récipient.

4 Ajoutez le sucre dans les jaunes d'œufs tout en fouettant.

5 Mélangez sans blanchir afin que le sucre se dissolve dans les jaunes.

(. . .)

Leçon n°4 Crème brûlée vanille au zeste de citron vert

Préchauffez votre four à 100 °C.

Incorporez la crème liquide (6) aux jaunes sucrés jusqu'à obtention d'une crème homogène (7).

Ajoutez le lait vanillé refroidi (8) et mélangez de nouveau (9).

Prélevez les zestes du citron vert et disposez-en quelques-uns dans le fond des moules.

En vous aidant d'une petite louche, garnissez-les de la préparation précédente (10).

Enfournez pour 1 h 15 environ (cela dépend de la taille de vos moules). La crème est cuite lorsqu'elle est légèrement tremblotante.

Une fois que les crèmes sont cuites, laissez-les refroidir complètement avant de les finir.

Avec une passoire, saupoudrez les crèmes brûlées de cassonade (11) en une fine couche régulière.

Brûlez le sucre à l'aide d'un chalumeau (12). Lorsque la première couche de sucre est fondue, saupoudrez de nouveau très légèrement les crèmes de sucre (13) et brûlez-les une seconde fois (14).

Dégustez sans attendre.

Conseil : dans les grands restaurants, les crèmes brûlées sont caramélisées à l'aide du chalumeau au moment de la commande et non avec un fer à caraméliser. Il est donc préférable d'utiliser le chalumeau car le goût est vraiment différent. Vous pouvez aussi les faire caraméliser sous le gril du four.

6 Versez la crème liquide froide sur les jaunes.

7 Mélangez au fouet pour homogénéiser la préparation.

8 Ajoutez le lait infusé froid tout en remuant.

9 Mélangez bien l'ensemble.

10 Après avoir disposé des zestes de citrons verts dans le fond des moules, garnissez-les avec une petite louche. Enfournez pour 1 h 15 à 100 °C. Lorsque les crèmes sont cuites, laissez-les complètement refroidir.

11 Saupoudrez les crèmes de cassonade à l'aide d'une passoire fine.

12 Brûlez-les une première fois avec un chalumeau

13 Appliquez une seconde fine couche de sucre.

14 Brûlez les crèmes une fois encore et dégustez.

Crème chiboust au citron

Avec un petit couteau bien affûté (ou à l'aide d'un économe), épluchez les poires (1).

Coupez-les ensuite en quatre (2) et ôtez le cœur de chacune d'elles. Réservez.

Versez les 30 g de sucre semoule dans une poêle et faites-le chauffer sur feu moyen (3).

Lorsque le sucre atteint une couleur caramel, mettez le thermostat sur feu doux, et déposez les quartiers de poire dans la poêle (4). Faites-les cuire durant 1 à 2 minutes, puis retournez-les (5).

Laissez cuire les poires jusqu'à ce qu'elles soient fondantes et enveloppées de caramel. Réservez à température ambiante.

Préparez la crème chiboust.

Immergez les feuilles de gélatine dans de l'eau très froide afin de les faire ramollir.

Séparez les blancs des jaunes.

Faites chauffer sur feu moyen, dans une casserole, la crème, l'eau et les zestes de citron (6).

Dans un récipient, versez les jaunes d'œufs et le sucre semoule (7). Ajoutez ensuite la Maïzena® (8).

Fouettez le tout vivement (9).

(La gélatine est utilisée par tous les pâtissiers, les chefs dans le monde entier pour les crèmes, bavarois, mousses, guimauves... l'agar-agar est plus utilisé pour les gelées)...

Ingrédients

Pour 6 personnes

Temps de préparation : 25 minutes
Temps de cuisson : 10 minutes
Temps de prise : 30 minutes minimum

Pour les poires au caramel

2 poires de bonne qualité assez mûres

30 g de sucre semoule

Pour la crème chiboust au citron

3 feuilles de gélatine

12 cl de crème liquide entière

2 cuillères à soupe d'eau

les zestes fins de 2 citrons jaunes

4 œufs

25 g de sucre semoule

10 g de Maïzena®

60 g de sucre semoule

Pour la finition

70 g de sucre semoule

1 Épluchez les poires avec un petit couteau bien affûté.

2 Coupez-les en 4 et videz-les.

3 Faites fondre dans une poêle 30 g de sucre semoule pour obtenir un caramel.

4 Posez les poires sur une face dans le caramel pour les colorer durant 1 à 2 min.

5 Puis retournez-les afin d'avoir une coloration et une cuisson régulières. Lorsque les poires sont fondantes, retirez-les du feu et réservez.

6 Dans une casserole, faites chauffer sur feu moyen : la crème, les 2 cuillères d'eau et les zestes de citron.

7 Versez les 4 jaunes d'œufs et le sucre semoule dans un récipient.

8 Ajoutez la Maïzena®…

9 et fouettez vivement.

(…)

Crème chiboust au citron

Lorsque le liquide arrive à ébullition, versez-en la moitié sur les jaunes d'œufs tout en fouettant (10) et reversez le tout dans la casserole (11).

Sur feu moyen, faites cuire cette crème (12) sans cesser de remuer à l'aide d'un fouet. La crème va épaissir. Arrêtez la cuisson en ôtant la casserole du feu.

Incorporez les feuilles de gélatine ramollies et égouttées (13). Réservez.

Versez les blancs d'œufs dans un récipient assez large et fouettez-les en versant le sucre semoule au fur et à mesure (14) afin d'obtenir une meringue assez dense.

Incorporez un tiers des blancs montés dans la crème au citron (15) et mélangez avec un fouet (16) afin de détendre l'ensemble (17). Ajoutez ensuite le restant des blancs à l'aide d'une spatule en caoutchouc (18).

Réalisez le montage.

Dans six récipients bien propres, formez des boules de crème avec une poche à douille. Répartissez les quartiers de poires.

Recouvrez avec de la crème (19).

Mettez ces pots au réfrigérateur durant 30 minutes au moins, afin de faire prendre la crème. (Vous pouvez aussi les laisser plus longtemps, le matin pour le soir par exemple.)

Au moment du service, faites un caramel assez brun en faisant fondre 70 g de sucre semoule dans une petite casserole.

À l'aide d'une cuillère, versez ce caramel sur les crèmes et servez.

Lorsque le liquide bout, versez-en la moitié sur les jaunes sans cesser de remuer.

11 Reversez l'ensemble dans la casserole

12 ... et faites cuire sur feu moyen tout en fouettant.

3 Lorsque la crème a épaissi, retirez-la du feu. Incorporez les feuilles de gélatine ramollie. Réservez.

14 Fouettez les blancs d'œufs en ajoutant le sucre semoule peu à peu.

15 Lorsque les blancs sont bien montés, versez-en un tiers dans la crème au citron.

6 Fouettez vivement.

17 Ainsi vous allez détendre la crème et favoriser la fin du mélange.

18 Incorporez le restant des blancs tranquillement avec une spatule en caoutchouc.

9 Garnissez les pots : un fond de crème, les poires et encore une couche de crème. Réservez au frais et décorez avec du caramel au moment du service.

Leçon n°6 Crème de lait d'amande

Mettez les feuilles de gélatine de la crème et de la compote dans deux récipients contenant de l'eau froide pour les ramollir.
Équeutez les fraises puis coupez-les en quatre. Réservez.

Préparez la compote.
Mettez les morceaux de rhubarbe dans une casserole à fond épais, puis ajoutez-y le sucre à confiture (1).
Ajoutez les quartiers de fraises, les clous de girofle ainsi que la gousse de vanille fendue en deux et grattée à l'aide d'un petit couteau (2).
Pressez le citron sur les fruits au travers d'une petite passoire (3).
Faites chauffer sur feu moyen tout en remuant avec une cuillère en bois (4).
Lorsque l'ensemble est cuit, ajoutez les deux feuilles de gélatine essorées (5) et remuez.
Transvasez cette compote dans un récipient plat bien propre et laissez-la refroidir au réfrigérateur...

Ingrédients

Pour 8 personnes
Temps de préparation : 20 minutes
Temps de cuisson : 10 minutes
Temps de prise : 2 heures minimum

2,5 feuilles de gélatine (5 g)
10 cl de lait entier
15 cl de lait d'amande (ou de sirop d'orgeat) d'excellente qualité
25 cl de crème liquide entière

Pour la compote de rhubarbe
2 feuilles de gélatine
100 g de fraises
500 g de rhubarbe en morceaux (fraîches ou surgelées)
80 g de sucre à confiture
2 clous de girofle
1 gousse de vanille
le jus d'1 citron

Versez la rhubarbe dans une casserole avec le sucre à confiture.

2 Ajoutez ensuite les fraises en morceaux, les clous de girofle et la gousse de vanille grattée.

3 Pressez le citron sur l'ensemble.

4 Faites cuire sur feu moyen tout en remuant à l'aide d'une spatule.

5 Lorsque la compote est cuite, ajoutez les feuilles de gélatine essorées. Mettez-la au réfrigérateur.

(…)

Leçon n°6 Crème de lait d'amande

Pendant ce temps, préparez la crème de lait d'amande.

Dans une casserole, portez le lait entier à ébullition sur feu moyen (6).

Ajoutez la gélatine bien égouttée tout en fouettant (7).

Coupez le feu puis incorporez le sirop d'orgeat froid sans cesser de remuer (8).

Laissez refroidir ce mélange de manière à ce qu'il soit à la température de votre corps.

Montez la crème liquide au fouet afin d'avoir une crème lisse.

Lorsque la préparation au lait d'amande est froide, versez-la sur la crème fouettée sans cesser de battre (9).

Terminez de mélanger tranquillement au fouet (10). Réservez quelques instants.

Avec une cuillère, garnissez à moitié huit pots de compote de rhubarbe froide en prenant soin de ne pas y mettre les clous de girofle ni la gousse de vanille (11).

Finissez de garnir les verres avec la crème au lait d'amande (12).

Placez le tout au réfrigérateur durant 2 heures minimum.

Finition: préparez un thé à la menthe bien sucré et versez 2/3 cuillères à café de thé sur les crèmes.

Portez le lait à ébullition sur feu moyen.

7

Ajoutez les feuilles de gélatine ramollies et égouttées.

8

Coupez le feu puis ajoutez le sirop d'orgeat froid en remuant.

9 Ajoutez la crème fouettée sur la préparation précédente légèrement refroidie, tout en fouettant.

10

Mélangez jusqu'à obtention d'une crème homogène.

11

Garnissez à moitié des verres avec la compote de rhubarbe.

12 Finissez de garnir avec la crème de lait d'amande puis entreposez les pots au réfrigérateur durant 2 heures au moins.

Leçon n°7 | Bavaroise chocolat blanc

Mettez la feuille de gélatine dans un récipient contenant de l'eau froide afin de la faire ramollir. Réservez.

Hachez finement le chocolat blanc et placez-le dans un récipient. Réservez.

Versez le lait dans une casserole et portez-le à ébullition sur feu moyen.

Lorsqu'il bout, retirez la casserole du feu puis ajoutez le jaune d'œuf (1) tout en fouettant (2).

Remettez ensuite la casserole sur le feu doux et remuez doucement avec une spatule en bois (3).

Vous devez obtenir une texture « à la nappe » identique à celle d'une crème anglaise (4). Lorsque la crème est cuite, ôtez-la du feu et incorporez-lui la feuille de gélatine ramollie et égouttée (5)...

Ingrédients

Pour 4 personnes

Temps de préparation : 20 minutes
Temps de prise : 2 heures minimum

1 feuille de gélatine
125 g de chocolat blanc
12,5 cl de lait entier
1 jaune d'un gros œuf
19 cl de crème liquide entière

Pour le montage et la finition
2 barquettes de framboises (250 g)
2 pamplemousses roses

Cette recette ne contient pas de sucre semoule car le chocolat blanc est déjà très sucré.

Portez le lait à ébullition dans une casserole et ajoutez le jaune d'œuf.

2 Il faut bien fouetter l'ensemble.

3 Cuisez cette crème sur feu doux, en remuant avec une spatule en bois.

Vous devez obtenir une texture de crème anglaise, dite « à la nappe ».

5 Retirez la casserole du feu et ajoutez la feuille de gélatine ramollie et égouttée.

(. . .)

Leçon n°7 — Bavaroise chocolat blanc

Versez alors la totalité du liquide chaud sur le chocolat blanc haché (6) et laissez le chocolat fondre seul durant 5 minutes (7) avant de mélanger (8). Lorsque vous obtenez une texture lisse et homogène, réservez le temps de monter la crème.

Versez la crème liquide dans un récipient assez large et fouettez-la de manière à obtenir une belle crème fouettée (lisse et brillante) (9).

Transvasez-la ensuite dans la crème au chocolat blanc refroidie mais non figée (si c'est le cas, vous pouvez la réchauffer très légèrement) (10) et mélangez avec une spatule en caoutchouc (11).

Déposez les framboises dans le fond de 4 coupes (12).

En vous aidant d'une louche ou d'une cuillère, répartissez la bavaroise dans les coupes (13).

Tapotez-les légèrement pour que la surface soit bien lisse et placez-les durant 2 heures au réfrigérateur.

Pour la finition : épluchez les pamplemousses à vif et prélevez-en les segments. Égouttez-les sur du papier absorbant et disposez-les sur la crème au moment du service.

Versez la crème sur le chocolat blanc haché finement.

7

Laissez le chocolat fondre durant 5 min sans remuer.

8

Mélangez à l'aide d'une spatule en bois afin d'obtenir une crème lisse et homogène. Réservez.

Fouettez la crème liquide pour avoir une belle crème montée.

10

Versez la crème fouettée dans le mélange précédent.

11

Mélangez à l'aide d'une spatule en caoutchouc.

Disposez les framboises dans 4 coupes.

13

Répartissez enfin la bavaroise, tapotez légèrement les coupes afin de les lisser et faites-les prendre 2 heures au réfrigérateur.

Leçon n°8 | Panacotta vanille Passion

Préparez tous vos ingrédients : crème, sucre, gélatine, vanille, eau et jus de fruit de la Passion (1).

Faites tremper la gélatine dans de l'eau froide.

Coupez la gousse de vanille en deux dans la largeur et dans la longueur puis grattez les graines avec la pointe d'un petit couteau (2).

Versez la crème liquide dans une casserole, faites-la chauffer sur feu moyen et ajoutez-y la vanille grattée et le sucre semoule tout en fouettant (3).

Égouttez la gélatine dans une passoire (4) et ajoutez-la au liquide chaud sans cesser de remuer (5).

Filtrez cette crème dans le plat réservé au service (6).

Placez-la durant 3 heures minimum au réfrigérateur avant de la savourer.

Pendant ce temps, préparez le caramel au fruit de la Passion.

Mettez le sucre semoule et la demi-gousse de vanille grattée dans une casserole à fond épais (7).

Faites-les chauffer sur feu moyen de manière à obtenir un caramel brun (8).

Ajoutez ensuite le jus de fruit de la Passion (9) petit à petit sur feu doux de manière à décuire le caramel et finissez par incorporer l'eau minérale.

Laissez réduire durant 2 minutes sur le feu et filtrez au travers d'une passoire fine (10).

Attendez qu'il soit refroidi complètement.

Au moment du service, versez le caramel sur la panacotta et dégustez.

Ingrédients

Pour 4 personnes

Temps de préparation : 20 minutes

Temps de prise de la crème :

3 heures minimum

Pour la crème

2,5 feuilles de gélatine en (5 g)

1 gousse de vanille

50 cl de crème liquide entière

75 g de sucre semoule

Pour le caramel

50 g de sucre semoule

50 g de jus de fruit de la Passion (frais ou surgelé)

50 g d'eau minérale

1 Préparez tous vos ingrédients : crème, sucre, gélatine, vanille, eau et jus de fruit de la Passion.

2 Grattez la gousse de vanille après l'avoir fendue en 2. Mettez la gélatine à ramollir dans de l'eau bien froide.

3 Faites chauffer la crème et ajoutez-lui la vanille grattée et le sucre semoule.

4 Égouttez la gélatine ramollie.

5 Ajoutez-la à la crème chaude.

6 Filtrez la panacotta dans le plat de service et laissez prendre durant 3 heures au réfrigérateur.

7 Mettez le sucre semoule et la demi-gousse de vanille grattée dans une casserole à fond épais.

8 Faites fondre le sucre sur feu moyen pour avoir un caramel brun.

9 Baissez le feu, ajoutez le jus de fruit de la Passion peu à peu. Puis versez l'eau minérale.

10 Filtrez le caramel et laissez-le complètement refroidir.

Leçon n°9 Crème de semoule parfum d'agrumes

Préparez tous vos ingrédients : agrumes, vanille, lait entier, sucre, beurre, semoule et crème liquide (1).

À l'aide d'une râpe fine, prélevez les zestes du citron (2) et de l'orange (3).

En vous aidant d'un petit couteau, fendez la gousse de vanille en deux et grattez-la (4). Réservez le tout.

Versez le lait dans une casserole à fond épais, puis ajoutez-y le sucre semoule (5). . .

Ingrédients

Temps de préparation : 15 minutes

Temps de cuisson : 15 minutes

Temps de prise : 2 heures environ

1 citron jaune et 1 orange

1 gousse de vanille

25 cl de lait entier

15 g de sucre semoule

10 g de beurre

50 g de semoule de blé dure fine

8 cl de crème liquide entière

Pour la compotée d'abricots

150 g d'oreillons d'abricots

50 g de sucre semoule

1/2 gousse de vanille

1 Préparez tous vos ingrédients : agrumes, semoule, vanille, sucre, lait entier, crème liquide et beurre.

2 Râpez le citron.

3 Râpez l'orange.

4 Fendez la gousse de vanille en 2 à l'aide d'un petit couteau puis prélevez les graines.

5 Versez le lait et le sucre semoule dans une casserole.

(…)

Leçon n°9 Crème de semoule parfum d'agrumes

Incorporez le beurre (6) et les zestes ainsi que les graines de vanille (7).

Faites chauffer sur feu moyen et lorsque le mélange commence à bouillir, versez la semoule en pluie (8) et continuez de cuire tout en remuant.

Ôtez la casserole du feu lorsque la semoule aura absorbé une grande partie du liquide et qu'elle est molle sous la dent (9).

Laissez refroidir au réfrigérateur durant quelques instants.

Montez la crème liquide au fouet pour avoir une crème bien lisse que vous versez dans la semoule (10) et mélangez doucement (11).

Garnissez ensuite six petits pots de cette préparation que vous placerez au réfrigérateur durant 2 heures au moins.

Pendant ce temps, préparez la compotée d'abricots.

Mettez les oreillons d'abricots, le sucre semoule et la demi-gousse de vanille grattée dans une casserole. Faites cuire sur feu moyen durant 5 minutes de manière à obtenir une belle compote (12).

Versez-la dans un récipient bien propre, et laissez-la refroidir.

Servez les crèmes de semoule accompagnées de la compote tiède.

) Incorporez le beurre.

7 Ajoutez les zestes et la vanille grattée. Portez à petite ébullition.

8 Versez la semoule en pluie tout en remuant.

9 Voici l'aspect de la semoule une fois cuite. Laissez-la refroidir complètement.

10 Ajoutez la crème fouettée.

11 Mélangez délicatement. Moulez cette préparation et placez-la au réfrigérateur.

2 Mettez les abricots, le sucre et la vanille dans une casserole et laissez cuire sur feu moyen durant 5 min environ. Laissez refroidir.

Leçon n°10 # Crème diplomate

En vous aidant d'un couteau-scie, coupez des tranches d'environ 1,5 cm d'épaisseur dans la brioche (1).

Coupez ces tranches de manière à avoir des cubes de brioche (2). Réservez.

Cassez les jaunes et les œufs dans un récipient assez large, ajoutez le sucre semoule (3) tout en fouettant.

Versez la liqueur d'orange (4).

Puis le lait petit à petit sans cesser de fouetter (5). Réservez...

Ingrédients

Pour 6 personnes

Temps de préparation : 15 minutes
Temps de cuisson : 1 heure

240 g de brioche (de la veille, de préférence)

4 œufs entiers

4 jaunes d'œufs

300 g de sucre semoule

10 g de liqueur d'orange

1 l de lait entier

50 g de zestes d'oranges confites

Pour la préparation des moules

40 g de beurre

100 g de sucre semoule

1 Coupez la brioche en tranches assez épaisses avec un couteau-scie.

2 Coupez ensuite les tranches en cubes. Réservez.

3 Mélangez ensemble les jaunes d'œufs et les œufs entiers. Ajoutez le sucre semoule et fouettez le tout.

4 Versez ensuite la liqueur d'orange.

5 Finissez le mélange en incorporant le lait petit à petit sans cesser de fouetter.

(. . .)

Leçon n°10 — Crème diplomate

Préchauffez votre four à 180 °C.

Pour préparer les moules, faites fondre les 40 g de beurre dans une petite casserole ou au micro-ondes.

Avec un pinceau, appliquez une fine couche de beurre dans les récipients choisis (6) (vous pouvez aussi réaliser cette opération avec du papier absorbant).

Versez le sucre semoule (100 g) dans les moules, faites-les tourner sur eux-mêmes pour bien répartir le sucre et retirez l'excédent (7).

L'intérieur des pots doit être couvert de sucre (8).

Garnissez les moules aux deux tiers avec les cubes de brioche (9) en tassant légèrement.

Coupez les zestes d'oranges en petits cubes (10) puis répartissez-les sur les brioches (11).

Avec une louche, garnissez les pots de la crème aux œufs (12).

Les brioches vont absorber le liquide comme une éponge. Ajoutez de nouveau un peu de liquide pour être certains que la brioche est bien imbibée (13).

Posez les pots de crème dans un récipient plat contenant un fond d'eau afin d'imiter un bain-marie (14).

Enfournez durant 1 heure environ.

Laissez refroidir avant de déguster.

Conseil : pour vérifier la cuisson, enfoncez la pointe du couteau au milieu de la crème, appuyez légèrement avec le doigt. Si du liquide remonte à la surface, continuez la cuisson.

6 Beurrez les pots à l'aide d'un pinceau.

7 Appliquez ensuite une couche de sucre semoule.

8 Voici le résultat souhaité.

9 Remplissez les pots aux deux tiers avec les cubes de brioche.

10 Coupez les zestes d'oranges confites en petit cubes.

11 Répartissez l'orange dans les 6 pots.

12 Garnissez les pots de crème en vous aidant d'une petite louche.

13 Laissez la brioche gonfler avant d'enfourner.

14 Mettez les pots dans un bain-marie et enfournez durant 1 heure environ.

Leçon n°11 — Petits pots de crèmes

Préchauffez le four à 80 °C.

Pour les pots de crème au thé : versez le lait et la crème dans une casserole (1) et portez à ébullition sur feu moyen.

Mélangez ensemble les jaunes d'œufs et le sucre semoule dans un récipient (2) sans blanchir. Réservez.

Lorsque le liquide bout, coupez le feu, versez le thé (3), mélangez (4) et laissez infuser durant 10 minutes environ.

Lorsque le thé a infusé, versez le liquide (qui doit être froid) sur le mélange jaunes + sucre (5). Fouettez l'ensemble (6) puis filtrez-le au travers d'une passoire fine (7).

Voici la crème une fois le mélange terminé (8)...

Ingrédients

Pour 8 pots

Temps de préparation : 15 minutes
Temps de cuisson : 1 heure 30

Pour le mélange de base

25 cl de lait entier
25 cl de crème liquide entière
5 jaunes d'œufs
85 g de sucre semoule

Pour les arômes

Vanille : 2 gousses de vanille
Thé : 20 g de thé Boston de préférence
Café : 20 g de café moulu + 2 g de café soluble

1 Versez le lait et la crème dans une casserole et portez à ébullition sur feu moyen.

2 Mélangez ensemble les jaunes d'œufs et le sucre semoule.

3 Versez le thé dans le liquide chaud.

4 Mélangez légèrement et laissez infuser durant 10 min.

5 Versez le liquide infusé sur les jaunes d'œufs.

6 Fouettez l'ensemble.

7 Filtrez la crème au travers d'une passoire fine afin d'ôter les feuilles de thé.

8 Voici le résultat souhaité.

(…)

Leçon n°11 Petits pots de crèmes

Pour les pots de crème à la vanille : versez le lait et la crème dans une casserole, ajoutez les gousses de vanille fendues en deux et grattées (9).
Portez à ébullition sur feu moyen. Laissez infuser durant 10 minutes.
Fouettez ensemble les jaunes d'œufs et le sucre semoule dans un récipient (10).
Ajoutez-leur le lait vanillé (11) en prenant soin de retirer les gousses de vanille. Fouettez légèrement.
Avec une louche, garnissez les petits pots de ces préparations (12).
Voici le résultat souhaité (13).
Enfournez-les ensuite à 90 °C pendant 1 heure 30.
Laissez complètement refroidir avant de les déguster.

Conseil : pour obtenir des pots de crème au café, remplacez le thé par le café moulu et suivez le même procédé.

Portez le lait et la crème à ébullition avec les gousses de vanille fendues et grattées. Laissez infuser.

10 Mélangez les jaunes d'œufs et le sucre semoule.

11 Versez le lait vanillé refroidi sur les jaunes sucrés tout en fouettant.

2 Garnissez des petits pots de ces préparations.

13 Voici le résultat souhaité. Enfournez à 90 °C pendant 1 h 30.

Leçon n°12 | Crème cappuccino

Versez le lait et la crème dans une casserole puis ajoutez la cuillère à soupe de café (1).

Faites chauffer sur feu moyen tout en mélangeant (2).

Mettez les jaunes d'œufs dans un récipient. Ajoutez le sucre semoule et mélangez avec un fouet (3).

Lorsque le liquide arrive à ébullition, versez-le sur les jaunes sucrés sans cesser de remuer (4).

Reversez ensuite cette préparation dans la casserole et cuisez-la comme une crème anglaise : vous devez obtenir une crème onctueuse sans grumeaux (cuite à 82 °C au thermomètre) (5).

Lorsque la crème est cuite, retirez-la du feu et versez-en une partie sur le chocolat haché (6) et mélangez en commençant par le centre de manière à faire fondre le chocolat.

Ajoutez ensuite le restant de crème (7) et finissez le mélange (8).

Vous devez obtenir une crème lisse.

Versez-la dans les pots prévus pour le service que vous entreposez au réfrigérateur pour 3 heures minimum (9).

Au moment du service, épluchez l'orange sanguine et coupez-y des tranches de 4 mm d'épaisseur. Réservez.

Montez la crème au fouet et incorporez-y le sucre glace.

En vous aidant d'une cuillère, versez de la crème montée sucrée sur la crème cappuccino et décorez de rondelles d'oranges sanguines.

Dégustez.

Ingrédients

Temps de préparation : 15 minutes

Temps de prise de la crème :

3 heures minimum

15 cl de lait entier

15 cl de crème liquide entière

1 cuillère à soupe de café moulu

3 jaunes d'œufs

30 g de sucre semoule

180 g de chocolat au lait à pâtisser haché finement

Pour la finition

10 cl de crème liquide entière

15 g de sucre glace

1 orange sanguine

1 Versez le lait et la crème dans une casserole puis ajoutez-y le café moulu.

2 Faites chauffer ce mélange sur feu moyen en remuant avec un fouet.

3 Mélangez ensemble dans un récipient les jaunes d'œufs et le sucre semoule.

4 Versez le liquide chaud sur les jaunes sucrés sans cesser de remuer.

5 Faites ensuite cuire cette crème sur feu moyen de manière à obtenir une texture de crème anglaise. Retirez la casserole du feu.

6 Versez une partie de la crème sur le chocolat haché finement.

7 Lorsque la texture du chocolat est lisse, ajoutez le reste de crème.

8 Et mélangez de manière à finir le mélange.

9 Moulez cette crème dans les verres de service, entreposez-les au réfrigérateur pendant au moins 3 heures. Il ne reste plus qu'à ajouter la crème fouettée et les oranges.

Leçon n°13 — Crème de fromage blanc

Préparez tous vos ingrédients : fromage blanc, œufs, citron, sucre, gélatine et crème liquide (1).

Mettez la gélatine dans de l'eau froide pour la ramollir.

Mettez les jaunes d'œufs dans un récipient (2) puis ajoutez le sucre semoule (3).

Fouettez vivement ce mélange (4) jusqu'à obtention d'une mousse blanchâtre (5).

Essorez la gélatine, et faites-la fondre dans un récipient au micro-ondes ou au bain-marie puis ajoutez la cuillère à soupe de jus de citron (6).

Versez la gélatine fondue dans les jaunes montés.

Ingrédients

Pour 6 personnes

Temps de préparation : 20 minutes
Temps de prise : 2 heures minimum

3 feuilles de gélatine (6 g)

2 jaunes d'œufs

100 g de sucre semoule

1 cuillère à soupe de jus de citron

250 g de fromage blanc de bonne
qualité (40 % de matière grasse)

zeste râpé fin d'un citron

30 cl de crème liquide entière

Pour la finition

200 g de confiture de figues

1 cuillère à soupe d'eau

1 Préparez tous vos ingrédients : fromage blanc, œufs, citron, sucre, gélatine et crème liquide.

2 Séparez les jaunes des blancs d'œufs. Mettez-les dans un récipient.

3 Versez le sucre semoule sur les jaunes.

4 Fouettez vivement.

5 Vous devez obtenir une mousse blanchâtre.

6 Faites fondre la gélatine et mélangez-la avec le jus de citron. Versez-les sur les jaunes en remuant vivement.

(…)

Leçon n°13 Crème de fromage blanc

Mélangez vivement à l'aide d'un fouet puis incorporez le fromage blanc (7) sans cesser de remuer...

Zestez le citron lavé sur le mélange (8).

Montez la crème liquide au fouet jusqu'à ce que vous ayez une mousse légère. À ce moment, incorporez-la à la préparation précédente (9).

Mélangez le tout délicatement à l'aide d'une spatule en caoutchouc (10).

Avec une petite louche, versez cette crème dans des moules en forme de dômes (11). (Vous pouvez aussi mouler cette préparation dans des récipients individuels.)

Placez-les au congélateur durant 2 heures minimum.

Lorsque les crèmes sont prises, faites fondre la confiture de figues dans une petite casserole avec l'eau.

Plantez la pointe d'un couteau dans chaque crème congelée (12), démoulez chaque dôme puis plongez-les dans la confiture fondue (13).

Laissez s'égoutter l'excédent de confiture quelques secondes avant de poser les crèmes sur l'assiette de service (14).

Placez-les au réfrigérateur durant une heure et demie pour qu'elles décongèlent doucement.

Dégustez.

Conseil : si vous moulez cette crème dans des pots individuels, placez-les simplement au réfrigérateur durant 2 heures au moins, et recouvrez-les légèrement de confiture fondue.

7 Incorporez le fromage tout en mélangeant.

8 Zestez le citron sur la préparation au fromage blanc.

9 Après avoir fouetté la crème liquide, incorporez-la au mélange précédent.

10 Mélangez délicatement à l'aide d'une spatule en caoutchouc.

11 Avec une petite louche, moulez cette crème dans les moules. Mettez-les au congélateur durant 2 heures minimum.

12 Plantez un couteau dans l'assise de chaque dôme.

13 Plongez chaque crème dans la confiture de figues chauffée avec l'eau.

14 Laissez l'excédent s'écouler.

Crème de cheesecake

Préchauffez votre four à 170 °C.

Préparez le croustillant : mettez le beurre, le sucre semoule et la farine sur votre plan de travail (1) et sablez le tout à la main (2).

Lorsque vous avez obtenu une pâte homogène, répartissez-la sur une plaque de cuisson recouverte de papier sulfurisé (3).

Enfournez pour une dizaine de minutes. Laissez complètement refroidir.

Préparez la crème : faites chauffer le beurre dans une casserole sur feu doux (4) pendant quelques instants tout en fouettant doucement afin d'obtenir une texture pommade (5).

Coupez le feu. Versez le sucre semoule ainsi que les œufs (6) et fouettez l'ensemble sans faire mousser.

Ajoutez le fromage frais (7) et fouettez plus vivement (8).

Vous devez obtenir une crème lisse et sans grumeaux (9).

Mettez de côté 100 g de cette crème et répartissez le restant dans des récipients allant au four (10). Remplissez les moules jusqu'aux deux tiers.

Enfournez pour une quinzaine de minutes à 170 °C.

Sortez les crèmes une fois cuites. Elles vont se creuser légèrement au milieu : garnissez-les de nouveau avec les 100 g de crème réservés. Enfournez de nouveau durant 5 minutes.

Laissez complètement refroidir à température ambiante (évitez de placer ces crèmes au réfrigérateur).

Pour la finition : réalisez une couronne de croustillant, et versez deux cuillères à soupe de coulis de fraises.

Saupoudrez légèrement le croustillant de sucre glace.

Dégustez.

Ingrédients

Pour 4 personnes

Temps de préparation : 20 minutes

Temps de cuisson : 30 minutes

Pour le croustillant
50 g de beurre en morceaux
50 g de sucre semoule
75 g de farine tamisée

Pour la crème du cheesecake
125 g de beurre mou
135 g de sucre semoule
3 œufs entiers
250 g de fromage frais (Philadelphia cream cheese® de préférence, ou du Saint-Moret® ou encore du Kiri®)

Pour la finition
10 fraises réduites en coulis, ou du coulis surgelé (100 g)
20 g de sucre glace

1 Placez la farine, le sucre semoule et le beurre sur votre plan de travail. Travaillez du bout des doigts,

2 puis à pleines mains afin de sabler la pâte.

3 Répartissez le croustillant sur une plaque de cuisson recouverte de papier sulfurisé. Enfournez 10 min à 170 °C.

4 Faites chauffer le beurre sur feu doux et travaillez tranquillement au fouet.

5 Vous devez obtenir une texture pommade. Retirez la casserole du feu.

6 Ajoutez les œufs et le sucre semoule. Fouettez doucement.

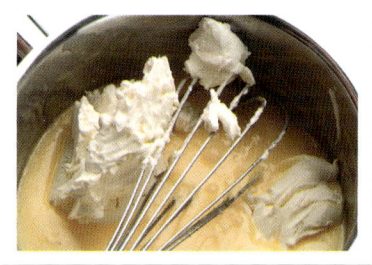

7 Versez le fromage frais.

8 Travaillez l'ensemble vivement.

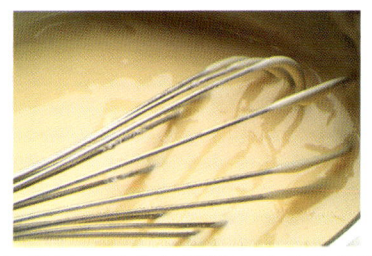

9 Vous devez obtenir une texture lisse et homogène.

10 Répartissez la crème dans 4 pots allant au four. Enfournez 15 min à 170 °C. Si les crèmes s'affaissent une fois cuites, garnissez-les de nouveau et cuisez-les encore 5 min. Laissez refroidir, décorez et dégustez.

Crème de yaourt

Placez les feuilles de gélatine dans un récipient contenant de l'eau froide pour les faire ramollir.

À l'aide d'une râpe fine, zestez les 2 oranges. Coupez ensuite les agrumes en deux puis extrayez-en le jus avec un presse-agrumes (1).

Dans une casserole, déposez la pâte d'amandes coupée en petits morceaux, le jus d'oranges et les zestes (2).

Versez le sucre glace (3). Faites cuire l'ensemble sur feu doux tout en remuant à l'aide d'un fouet (4).

Lorsque tous les ingrédients sont fondus, ajoutez les feuilles de gélatine ramollies et égouttées. Remuez.

Ajoutez le yaourt (5) et mélangez pour avoir une préparation bien homogène (6).

Laissez refroidir dans la casserole, hors du feu.

Fouettez la crème liquide afin d'obtenir une belle crème fouettée (7).

Dès que le mélange est tiède (légèrement plus chaud que votre doigt), versez-le sur la crème fouettée (8) sans cesser de remuer avec une spatule en caoutchouc (9).

Lorsque vous obtenez un mélange homogène, versez-le dans les pots destinés au service (10).

Placez-les au réfrigérateur pour 2 heures minimum.

Pour la décoration : pelez les deux oranges à vif, et prélevez-en les segments.

Égouttez-les légèrement sur du papier absorbant, puis disposez-les joliment sur chaque crème prise.

Dégustez.

Ingrédients

Pour 4 personnes

Temps de préparation : 20 minutes
Temps de prise : 2 heures minimum

3 feuilles de gélatine

2 oranges à jus

50 g de pâte d'amandes blanche

60 g de sucre glace

170 g de yaourt de bonne qualité

12 cl de crème liquide entière

Pour le décor
2 oranges

1   Zestez les oranges puis pressez-les dans un récipient.

2   Versez le jus ainsi que les zestes dans une casserole contenant la pâte d'amandes coupée en morceaux.

3   Ajoutez le sucre glace tout en fouettant.

4   Tout en remuant, faites chauffer sur feu doux afin de dissoudre la pâte d'amandes. Ajoutez ensuite les feuilles de gélatine ramollies.

5   Puis le yaourt…

6   … et remuez afin d'avoir une préparation homogène. Retirez du feu et laissez refroidir.

7   Fouettez vivement la crème liquide pour avoir une crème fouettée.

8   Lorsque le mélange au yaourt est tiède, versez-le sur la crème montée sans cesser de remuer à l'aide d'une spatule en caoutchouc.

9   Mélangez délicatement.

10   Versez cette masse dans des pots et placez-les pendant au moins 2 heures au réfrigérateur. Décorez-les au moment du service.

Leçon n°16 — Tiramisu aux fraises

Préparez un coulis avec 200 g de fraises : coupez-les en deux dans le bol d'un mixeur, ajoutez l'eau, le sucre glace et le jus du demi-citron. Mixez le tout brièvement afin de ne pas faire blanchir.

Filtrez ce coulis dans un récipient plat et réservez au frais.

Préparez la crème au mascarpone.

Séparez les blancs des jaunes d'œufs (1). Mettez-les dans deux récipients.

Sur les jaunes d'œufs, versez la moitié du sucre semoule (2) et fouettez vivement (3) de façon à obtenir une mousse blanchâtre.

Ajoutez ensuite le mascarpone (4) et fouettez afin de lisser la préparation (5). Réservez.

Battez les blancs (6) en incorporant le reste du sucre à fur et à mesure. Fouettez-les jusqu'à ce que la neige soit assez épaisse (7).

Incorporez une partie des blancs montés dans le mélange mascarpone-jaunes d'œufs (8) avec un fouet afin de détendre l'ensemble.

Puis ajoutez le restant des blancs (9) et remuez jusqu'à obtention d'une texture aérienne et homogène (10)...

Ingrédients

Pour 5 personnes

Temps de préparation : 20 minutes
Temps de prise : 2 heures minimum

3 œufs
100 g de sucre semoule
375 g de mascarpone de bonne qualité

Pour le montage et la finition
600 g de fraises équeutées
2 cuillères à soupe d'eau froide
1 cuillère à soupe de sucre glace
le jus d'1/2 citron
10 biscuits à la cuillère (de préférence chez votre pâtissier)
80 g de sucre semoule
quelques gouttes de colorant alimentaire rouge

1   Séparez les jaunes d'œufs des blancs.

Mélangez les jaunes avec la moitié du sucre semoule avec un fouet.

3   Battez vivement jusqu'à ce que vous ayez une mousse blanchâtre.

4   Incorporez ensuite le mascarpone…

5   et lissez au fouet. Réservez.

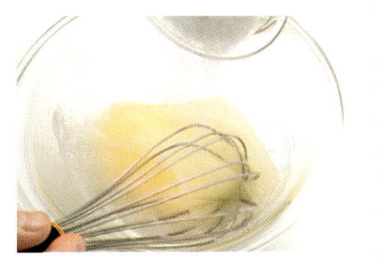

6   Montez les blancs d'œufs en incorporant le restant du sucre semoule au fur et à mesure.

7   Vous devez obtenir une masse blanche assez dense.

8   Incorporez une partie des blancs dans le mélange précédent.

9   Versez ensuite le restant des blancs en essayant de conserver la légèreté de l'ensemble.

10   Voici le résultat souhaité.

(…)

Leçon n°16 Tiramisu aux fraises

Commencez le montage.

Placez les biscuits à la cuillère dans le récipient contenant le coulis de fraises (11) durant 5 minutes environ en prenant coin de les retourner.

Coupez ensuite tous les biscuits en deux (12).

Découpez chaque fraise en deux dans le sens de la hauteur et disposez-les autour du fond des verres (13).

Réalisez un fond de crème à la cuillère ou à l'aide d'une poche à douille (14).

Appliquez la moitié d'un biscuit imbibé, que vous recouvrirez d'une couche de crème (15).

Posez un second biscuit (16) et ajoutez une cuillère à soupe de coulis de fraises (17). Parsemez avec le reste des fraises coupées en dés.

Répartissez la crème dans les pots (18) et lissez avec une spatule métallique (19).

Mettez les desserts pendant au moins 2 heures au réfrigérateur pour que les parfums se mélangent.

Pour la finition, mélangez le sucre semoule avec le colorant rouge à l'aide d'un fouet. Saupoudrez finement les Tiramisu avec le sucre coloré.

Mettez à tremper les biscuits dans le coulis de fraises durant 5 min.

12 Coupez les biscuits en deux.

13 Réalisez une « couronne » de demi-fraises dans le fond des verres.

14 Déposez une boule de crème mascarpone dans le fond.

15 Placez un demi-biscuit que vous recouvrez d'une couche de crème.

16 Posez ensuite un second biscuit…

17 … et une cuillère de coulis de fraises et le restant de fraises coupés en dés…

18 et enfin une couche de crème.

19 Lissez à l'aide d'une spatule en métal. Stockez au réfrigérateur durant 2 heures minimum.

Leçon n°17 — Crème d'abricot

Placez les feuilles de gélatine dans un récipient contenant de l'eau froide afin de la faire ramollir.

Mettez les abricots dans un récipient et saupoudrez-les avec le sucre semoule (1).

Mixer les fruits (2) pour obtenir une pulpe assez fine. Réservez.

Versez le sirop d'orgeat, les amandes et les deux cuillères à soupe d'eau dans un petit récipient et mixez le tout. Vous devez obtenir un coulis légèrement granuleux (ce sont les amandes qui donnent cette consistance).

Dans une petite casserole, faites chauffer sur feu doux la pulpe d'amandes. Lorsque le mélange est chaud, ajoutez les feuilles de gélatine égouttées (3). Mélangez et retirez du feu. Laissez tiédir.

Versez cette préparation dans la pulpe d'abricots (4) tout en remuant à l'aide d'une spatule.

Incorporez la crème fouettée (5) en remuant toujours avec la spatule en caoutchouc (6).

En vous aidant d'une louche (7) (ou d'une cuillère), garnissez six verres

de cette préparation puis entreposez-les au réfrigérateur pendant 2 heures au moins.

Pour la décoration
Faites fondre le sucre semoule dans une poêle sur feu moyen et lorsqu'il atteint une couleur caramel blond, ajoutez le beurre pour stopper la cuisson du sucre.

Placez-y les oreillons afin de les cuire légèrement. Retournez les fruits pour les enrober du jus de cuisson.

Retirez la casserole du feu, laissez tiédir les abricots puis disposez-les joliment sur les verres et parsemez les amandes.

Dégustez.

Ingrédients

Pour 6 personnes

Temps de préparation : 15 minutes

Temps de prise : 2 heures minimum

2 feuilles de gélatine

300 g d'oreillons d'abricots (frais ou surgelés, mais pas au sirop)

125 g de sucre semoule

25 g de sirop d'orgeat

60 g d'amandes émondées

2 cuillères à soupe d'eau minérale

300 g de crème montée

Pour le décor et la finition

1 cuillère à soupe de sucre semoule

1 noix de beurre

une dizaine d'oreillons d'abricots

quelques amandes émondées hachées grossièrement

Placez les abricots dans un récipient et saupoudrez-les de sucre semoule.

2 Mixez-les afin d'obtenir une pulpe assez fine. Réservez.

3 Après avoir mixé ensemble les amandes, l'eau et le sirop d'orgeat, faites chauffer légèrement ce mélange dans une petite casserole. Ajoutez ensuite la gélatine ramollie. Laissez tiédir.

4 Versez la pulpe d'amandes dans la pulpe d'abricots sans cesser de remuer.

5 Incorporez la crème montée…

6 … et mélangez avec une spatule en caoutchouc.

7 Garnissez 6 verres avec cette préparation. Laissez prendre 2 heures au réfrigérateur et décorez.

Leçon n°18 Crème Passion banane

Préparez tous vos ingrédients : jus de fruit de la Passion, banane, œufs, beurre et sucre semoule (1).

Mettez le jus de fruit et la banane dans une casserole ; mélangez-les à l'aide d'un petit mixeur (2).

Ajoutez les œufs tout en fouettant (3), puis incorporez le sucre semoule.

Faites chauffer ce mélange sur feu moyen sans cesser de remuer (4) jusqu'au premier bouillon (90 °C).

La crème doit épaissir régulièrement.

Lorsque la crème est cuite, ôtez-la aussitôt du feu, sinon elle risquerait d'attacher.

Ajoutez alors le beurre en morceaux, tout en mélangeant afin d'arrêter la cuisson (5).

Puis mixez la crème durant 1 minute afin de la rendre lisse et brillante (6).

Versez-la ensuite dans des cuillères de service ou dans des petits pots (7).

Entreposez-les au réfrigérateur pendant au moins 1 heure...

Ingrédients

Pour 4 personnes

Temps de préparation : 20 minutes
Temps de cuisson : 5 minutes
Temps de prise de la crème : 1 heure
minimum

125 g de jus de fruit de la Passion
(frais ou surgelé)
160 g de pulpe de banane fraîche
5 petits œufs entiers
90 g de sucre semoule
120 g de beurre en morceaux

Pour le frou-frou épicé
2 feuilles de brick
40 g de beurre fondu
20 g de sucre glace
1/2 cuillère à café de cannelle en
poudre
1/2 cuillère à café de quatre-épices

Pour le décor et la finition
10 g de sucre glace
1/2 banane

Préparez tous vos ingrédients : jus de fruit de la Passion, banane, œufs entiers, beurre et sucre semoule.

2 Mixez le jus de fruit et la banane dans une casserole pour obtenir un coulis bien fluide. Faites chauffer sur feu moyen.

3 Ajoutez les œufs et le sucre semoule, tout en mélangeant.

4 Faites cuire cette crème jusqu'à ce qu'elle épaississe et qu'elle atteigne le premier bouillon. Retirez la casserole du feu.

5 Ajoutez le beurre en morceaux.

6 Mixez durant 1 minute afin de rendre la crème lisse et soyeuse.

7 Moulez la crème dans des cuillères individuelles. Mettez-les au frais pendant 1 heure au moins.

(...)

Leçon n°18 Crème Passion banane

Pendant ce temps, préparez le frou-frou épicé.

Préchauffez votre four à 200 °C.

Ôtez le papier protégeant les feuilles de brick et superposez-les.

Appliquez une fine couche de beurre fondu sur chaque feuille avec un pinceau (8)

À l'aide d'une passoire fine, saupoudrez-les de sucre glace (9) puis des épices mélangées (10).

Passez-les au four durant 7 à 8 minutes. Laissez-les refroidir.

En vous aidant d'une roulette à pizza, découpez des bandelettes de pâte (11) que vous disposerez sur une plaque de cuisson recouverte de papier sulfurisé de manière à obtenir des formes irrégulières.

Au moment du service, sortez les crèmes du réfrigérateur et disposez dessus le frou-frou.

Saupoudrez celui-ci de sucre glace et décorez-le d'une fine tranche de banane.

Dégustez.

Beurrez les feuilles de brick avec un pinceau.

9 Saupoudrez-les de sucre glace.

10 Saupoudrez-les de cannelle et de quatre-épices.

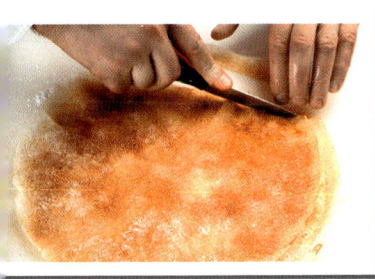

1 Enfournez pour 7 à 8 min à 200 °C. Découpez des bandelettes que vous disposez sur une plaque de cuisson couverte de papier sulfurisé.

Leçon n° 19 Crème de fruits rouges

Mettez les fruits rouges et le sucre semoule dans un récipient assez profond puis mixez-les à l'aide d'un petit mixeur (1).

Filtrez ce mélange au travers d'une passoire fine (2) de manière à obtenir un poids de 200 g de coulis.

Versez ensuite les 100 g de crème liquide dans le coulis tout en mélangeant à l'aide d'un fouet (3).

Après avoir monté les 300 g restants de crème liquide à l'aide d'un fouet, incorporez-la à l'aide d'une spatule en caoutchouc (4) jusqu'à ce que la crème s'incorpore parfaitement.

Garnissez une poche à douille de cette crème et garnissez les verres de services (6). Placez-les au frais pour 1 heure environ.

Préparez ensuite les ingrédients pour la finition (7) : équeutez les fraises et coupez-les en deux.

Versez le sucre sur les groseilles (8).

Mettez les fraises dans une passoire fine (9).

En vous aidant d'une petite louche (ou alors d'une cuillère à soupe), écrasez les fraises au-dessus des groseilles afin d'obtenir un coulis (10).

Mélangez-les puis versez le coulis sur les pots contenant la crème de fruits rouges.

Dégustez.

Ingrédients

Pour 4 personnes

Temps de préparation : 15 minutes

Temps de prise : 1 heure

250 g de fruits rouges assortis (frais ou surgelés)

60 g de sucre semoule

400 g de crème liquide entière

Pour la finition

100 g de fraises

10 g de sucre semoule

40 g de groseilles égrappées

1 Mixez ensemble les fruits rouges et le sucre semoule.

2 Filtrez ce coulis dans une passoire fine afin d'obtenir 200 g de coulis.

3 Ajoutez la crème liquide à la pulpe de fruit.

4 Incorporez la crème fouettée à l'aide d'une spatule en caoutchouc.

5 Mélangez jusqu'à ce que la crème soit homogène.

6 Garnissez des pots de cette crème et laissez prendre une heure au réfrigérateur.

7 Préparez les ingrédients du coulis : fraises, groseilles et sucre semoule. Ôtez la queue des fraises et coupez-les en 2.

8 Versez le sucre sur les groseilles.

9 Placez les fraises dans une passoire fine.

10 Avec une petite louche, écrasez les fraises pour fabriquer un coulis.

Leçon n°20 — Crème de marron

Versez la crème liquide dans un récipient et entreposez le tout au réfrigérateur. Mettez la purée de marron dans un récipient (1) : travaillez-la à l'aide d'une spatule.

Ajoutez la crème de marron (2) et la cuillère à soupe de rhum puis mélangez (3). Faites passer cette crème dans une passoire fine (4) afin d'affiner la préparation. Réservez.

Sortez la crème liquide du réfrigérateur, versez-y la cuillère à soupe de sucre semoule et fouettez-les (5).

Mettez la cuillère à café de nescafé dans un petit récipient, et ajoutez-lui le café serré (6). Mélangez avec une petite cuillère...

Ingrédients

Pour 6 personnes

Temps de préparation : 20 minutes
Temps de prise : 1 heure minimum

Pour la crème de marron

100 g de crème de marron

100 g de purée de marron

1 cuillère à soupe de rhum brun de
bonne qualité

Pour la chantilly café

20 cl de crème liquide entière

1 cuillère à soupe de sucre semoule

1 expresso bien serré froid

1 cuillère à café de Nescafé®

Pour le montage

1 expresso froid

Déposez la purée de marron dans un récipient et travaillez-la.

2 Ajoutez la crème de marron et le rhum…

3 … et mélangez le tout.

4 Faites passer cette préparation dans une passoire fine pour rendre le mélange plus fin en bouche.

5 Fouettez la crème liquide bien froide avec la cuillère à soupe de sucre semoule. Réservez.

6 Mélangez ensemble le café liquide et le café soluble.

(…)

Leçon n°20 Crème de marron

Versez le café fort dans la chantilly (7) et fouettez vivement pour obtenir une chantilly au café (8).

Répartissez la crème de marron dans le fond de six tasses (9) (sur environ 1,5 cm d'épaisseur).

Versez ensuite l'équivalent d'une cuillère à café de café dans chaque tasse (10).

Répartissez la chantilly dans les tasses (11) et lissez-la afin d'avoir un résultat bien net (12).

Placez ces tasses au frais pendant au moins 1 heure.

Conseil : pour la finition, vous pouvez étaler une cuillère à soupe d'églantine sur chaque pot.

7. Versez cette préparation dans la crème fouettée.

8. Vous obtiendrez ainsi de la chantilly au café.

9. Répartissez la crème de marron dans le fond des tasses (1,5 cm d'épaisseur environ).

10. Versez ensuite 1 cuillère à café de café dans chaque tasse.

11. Remplissez avec la chantilly au café…

12. et lissez le tout afin d'obtenir une surface bien lisse. Placez les tasses au frais durant 1 heure minimum et dégustez.

Leçon n°21 Crème chocolat framboise

Mélangez ensemble les jaunes d'œufs et le sucre semoule à l'aide d'un fouet (1).
Préparez vos ingrédients : hachez finement le chocolat noir et pesez la pulpe de framboises (2).
Portez le lait et la crème à ébullition dans une casserole puis versez-les sur les jaunes sucrés tout en remuant avec un fouet (3).

Reversez ensuite ce mélange dans la casserole (4) et faites-le cuire sur feu doux en remuant constamment avec une spatule afin d'obtenir une crème anglaise, bien onctueuse (5) et à 82 °C au thermomètre.
Dès que vous avez atteint cette température, plongez le fond de la casserole dans de l'eau bien froide afin de stopper la cuisson (6)...

Ingrédients

Pour 6 personnes

Temps de préparation : 20 minutes
Temps de prise : 2 heures

4 jaunes d'œufs

80 g de sucre semoule

200 g de chocolat noir à 60 ou 70 %
de cacao

250 g de pulpe de framboises

15 cl de lait entier

10 cl de crème liquide entière

1 Fouettez les jaunes d'œufs et le sucre semoule dans un récipient.

2 Hachez finement le chocolat noir et préparez la pulpe de framboises.

3 Après avoir fait bouillir le lait et la crème, ajoutez-les aux jaunes sucrés tout en fouettant.

4 Reversez l'ensemble dans la casserole.

5 Faites cuire comme une crème anglaise, bien onctueuse (82 °C au thermomètre).

6 Plongez le fond de la casserole dans de l'eau froide pour arrêter la cuisson.

(…)

Leçon n°21 Crème chocolat framboise

Versez alors la crème sur le chocolat haché (7) et mélangez avec une spatule en bois (8).

Vous devez obtenir une crème lisse, homogène et brillante (9).

Ajoutez ensuite la pulpe de framboises (10) sans cesser de remuer.

Avec un mixeur plongeant, mélangez afin d'affiner le mélange (11).

Filtrez-le au travers d'une passoire fine pour ôter les éventuels grains de framboise (12) et obtenir une crème très lisse.

En vous aidant d'une petite louche, garnissez des pots de cette préparation et laissez figer durant 2 heures minimum au réfrigérateur (13).

Conseil : vous pouvez remplacer la pulpe de framboises par 300 g de framboises fraîches mixées et filtrées.

Versez cette crème sur le chocolat haché.

8 Mélangez tranquillement à l'aide d'une spatule en bois.

9 Voici la texture souhaitée : lisse et brillante.

10 Incorporez la pulpe de framboises dans la crème chocolatée.

11 Mixez afin d'affiner la préparation.

12 Filtrez la crème au travers d'une passoire fine.

13 Garnissez les pots de cette préparation. Laissez figer durant 2 heures au réfrigérateur.

Leçon n°22 Crème chocolat noir

Hachez finement le chocolat et mettez-le dans un récipient. Réservez.

Versez le sucre semoule sur les jaunes d'œufs (1).

Fouettez-les jusqu'à ce que le mélange soit homogène, mais sans le faire blanchir (2). Réservez.

Dans une casserole, portez à ébullition, sur feu moyen, le lait et la crème (3).

Versez le liquide chaud sur les jaunes sucrés tout en remuant afin de bien diluer l'ensemble (4).

Puis, reversez-le dans la casserole (5). Faites chauffer de nouveau sur feu moyen tout en remuant à l'aide d'une spatule en bois. Vous devez obtenir une crème onctueuse, cuite à une température de 82 °C si vous possédez un thermomètre (6).

Lorsque la crème est cuite, retirez-la du feu puis versez-en une petite partie sur le chocolat haché (7) et remuez tranquillement (8)...

Ingrédients

Pour 4 personnes

Temps de préparation : 20 minutes
Temps de prise : 2 heures minimum

120 g de chocolat noir à 70 % de cacao

3 jaunes d'œufs

30 g de sucre semoule

15 cl de lait entier

15 cl de crème liquide entière

Versez le sucre sur les jaunes d'œufs.

2 Fouettez ensemble les jaunes et le sucre, sans les faire blanchir.

3 Portez à ébullition sur feu moyen le lait et la crème.

4 Versez le liquide chaud sur les jaunes tout en remuant.

5 Reversez l'ensemble dans la casserole.

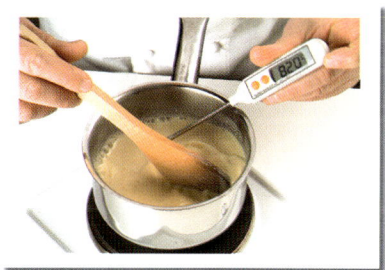

6 Faites cuire cette crème comme une crème anglaise, bien onctueuse, à 82 °C au thermomètre.

7 Versez un peu de crème sur le chocolat concassé.

8 Mélangez à l'aide d'une spatule en bois.

(...)

Leçon n°22 — Crème chocolat noir

Une fois la crème incorporée (9), ajoutez-en de nouveau un peu (10) et mélangez (11).

Versez ce qui reste dans la casserole (12 et 13) et mélangez jusqu'à obtention d'une crème bien lisse et brillante (14).

Pour un résultat optimal, vous pouvez mixer quelques instants cette crème avec un mixeur plongeant (15).

Une fois la crème terminée, garnissez des petits récipients en vous aidant d'une louche (16).

Placez au frais pendant au moins 2 heures.

Remuez jusqu'à ce que la crème soit complètement incorporée.

10 Ajoutez ensuite un peu de liquide chaud.

11 Mélangez de nouveau.

Ajoutez encore du liquide.

13 Videz bien l'intégralité de la crème.

14 Mélangez jusqu'à obtention d'une crème bien homogène.

Vous pouvez aussi mixer la crème pour un résultat optimal.

16 Garnissez des petits récipients de cette préparation et laissez prendre 2 heures au réfrigérateur.

Leçon n°23 Crème 4 chocolats...

Mettez les deux feuilles de gélatine dans de l'eau froide pour les faire ramollir.

Préparez vos trois chocolats, hachez-les finement et placez-les dans trois récipients (1).

Placez la pâte de pistache dans un quatrième récipient.

Versez le lait et la crème liquide dans une casserole et faites-les chauffer sur feu moyen.

Mélangez les jaunes d'œufs avec le sucre semoule à l'aide d'un fouet, sans faire blanchir.

Versez une partie du liquide chaud dans les jaunes sucrés, mélangez et reversez le tout dans la casserole. Faites cuire « à la nappe » comme une crème anglaise (2). Retirez la casserole de feu.

Placez une feuille de gélatine égouttée dans le chocolat blanc et une dans la pâte de pistache (3).

Posez le récipient contenant le chocolat noir sur la balance et versez la crème cuite pour avoir 95 g de crème (4).

Réalisez la même opération avec le chocolat au lait (5), le chocolat blanc (6) et la pâte de pistache (7)...

Ingrédients

Pour 6 personnes

Temps de préparation : 30 minutes
Temps de prise : 2 heures minimum

2 feuilles de gélatine

90 g de chocolat noir à 60 à 70 %

90 g de chocolat au lait à pâtisser

90 g de chocolat blanc

40 g de pâte de pistache (en épicerie fine ou voir recette à la fin de celle-ci)

25 cl de lait entier

50 g de crème liquide entière

3 jaunes d'œufs

30 g de sucre semoule

50 cl de crème fouettée

Préparez vos trois chocolats : le noir, le blanc et le lait. Hachez-les finement.

2   Réalisez la crème anglaise avec le lait, la crème, les jaunes d'œufs et le sucre semoule.

3   Mettez une feuille de gélatine ramollie dans la pâte de pistache et une autre dans le chocolat blanc.

Versez la crème anglaise dans les 4 récipients : 95 g dans le chocolat noir,

5   95 g dans le chocolat au lait,

6   95 g dans le chocolat blanc,

7   et 95 g dans la pâte de pistache.

(. . .)

Leçon n°23 — Crème 4 chocolats...

Ensuite avec un petit fouet, mélangez doucement les crèmes (8) pour avoir quatre mélanges bien homogènes (9).

Versez 125 g de crème fouettée dans la crème à la pistache (10) et la même quantité dans les autres récipients (11).

Mélangez toutes les mousses à l'aide d'une spatule caoutchouc (12, 13, 14, 15 et 16).

Répartissez les mousses dans six récipients (17) en commençant par la mousse noire, la blanche, le lait et en finissant par la pistache. Après avoir déposé une couche de crème, tapotez légèrement les pots sur la paume de vos mains pour avoir des étages bien nets. Il se peut que vous soyez obligé de mettre les pots au réfrigérateur entre chaque couche afin d'éviter tout mélange. Réalisez cette recette dans une pièce tempérée, ainsi vos mousses ne figeront pas trop vite.

Une fois le montage terminé, placez les pots au frais pendant 2 heures minimum.

Conseil : pour réaliser de la pâte de pistache vous-même, mélangez dans un mixeur 200 g de pistaches non salées et épluchées avec 5 cuillères à soupe de sirop d'orgeat de bonne qualité.

Laissez tourner durant 5 à 10 minutes et l'ensemble va se transformer en une pâte assez épaisse.

Et voilà !

8 Mélangez doucement à l'aide d'un petit fouet…

9 de façon à obtenir 4 crèmes bien lisses et homogènes.

10 Ajoutez 125 g de crème fouettée, dans la crème à la pistache…

11 Et la même quantité dans les trois autres récipients.

12 Mélangez délicatement à l'aide d'une spatule en caoutchouc la mousse noire…

13 afin d'avoir un mélange homogène.

14 Réalisez la même opération avec la mousse au chocolat blanc,

15 la mousse blanche,

16 et la mousse pistache.

17 Garnissez les pots en les tapotant pour bien répartir les crèmes.

Crème de potimarron à la patate douce

Préparez tous vos ingrédients : potimarron, oignons, huile, beurre, patate douce, ail, sucre et lait (1).

Émincez finement la gousse d'ail et les oignons. Réservez.

Épluchez la patate douce. Découpez la patate douce et le potimarron en gros dés.

Versez l'huile d'olive dans une casserole et faites-la chauffer sur feu moyen (2).

Mettez les oignons et la gousse d'ail émincés dans l'huile chaude. Faites cuire sans colorer (3) puis ajoutez le beurre (4) ainsi que le sucre semoule (5).

Lorsque les oignons sont légèrement translucides, ajoutez le potimarron découpé en gros dés (6) et mélangez à l'aide d'une spatule en bois.

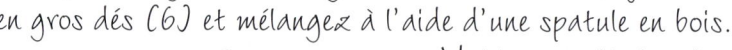
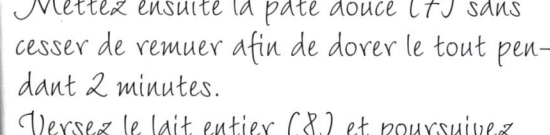

Mettez ensuite la pâte douce (7) sans cesser de remuer afin de dorer le tout pendant 2 minutes.

Versez le lait entier (8) et poursuivez la cuisson durant 15 minutes à petits bouillons.

Vérifiez la cuisson : un couteau planté dans du potimarron ne doit pas sentir de résistance.

Lorsque la crème est cuite, mélangez-la avec un petit mixeur (9) de manière à obtenir un ensemble fluide, homogène et onctueux.

Assaisonnez la crème (10).

Versez la soupe chaude dans des petits bols, décorez de ciboulette ciselée.

Ingrédients

Pour 6 personnes

Temps de préparation : 15 minutes
Temps de cuisson : 20 minutes

1 kg de potimarron épluché sans pépins

1 gousse d'ail

2 oignons épluchés et émincés

3/4 d'une patate douce (facultatif)

2 cuillères à soupe d'huile d'olive

20 g de beurre

1 cuillère à café de sucre semoule

25 cl de lait entier

gros sel et poivre du moulin

Pour la finition

1 Préparez tous vos ingrédients : potimarron, oignons, huile, beurre, patate douce, ail, sucre et lait.

Versez l'huile dans une casserole et faites-la chauffer.

3 Faites cuire sans coloration les oignons et la gousse d'ail émincés.

4 Ajoutez ensuite le beurre.

5 Et, enfin, le sucre semoule. Les oignons doivent devenir translucides.

6 Mettez le potimarron coupé en gros dés dans la casserole.

7 Puis la patate douce coupée en cubes et faites dorer durant 2 min.

8 Couvrez l'ensemble avec le lait entier et laissez cuire à petits bouillons durant 15 min environ.

9 Lorsque la crème est cuite, mixez-la durant 2 min.

10 Assaisonnez et servez bien chaud.

Leçon n°25 Crème de mascarpone
(le top de l'apéritif)

Coupez des tranches de pain (maximum 1 cm d'épaisseur) et faites-les dorer au grille-pain ou sous le gril du four. Réservez.

Versez le fromage frais dans un récipient et travaillez-le à la spatule (1) avant d'incorporer le mascarpone (2).

Lissez-les avec une spatule puis ajoutez la crème liquide (3) afin d'obtenir un ensemble bien homogène.

En vous aidant d'une spatule (ou tout simplement d'un couteau), étalez la préparation sur les tranches de pains grillées (4) de manière régulière.

À l'aide d'un petit couteau, coupez la ciboulette en petits tronçons (5).

Parsemez la ciboulette sur les tranches de pain (6), assaisonnez avec la fleur de sel et le poivre.

Coupez les tranches (7) à l'aide d'un couteau tranchant. Disposez-les joliment sur une assiette et dégustez sans trop attendre.

Ingrédients

Pour 6 personnes

Temps de préparation : 10 minutes

1 boule de pain de bonne qualité de 500 g (levain, céréales, etc.)

125 g de fromage frais aux herbes et à l'ail

150 g de mascarpone de bonne qualité

5 cl de crème liquide

1 botte de ciboulette

fleur de sel

poivre du moulin

Après avoir toasté les tranches de pain, travaillez le fromage frais aux herbes dans un récipient.

2 Ajoutez-lui le mascarpone et continuez à mélanger le tout à la spatule.

3 Versez la crème liquide et remuez jusqu'à ce que la préparation soit homogène.

4 Répartissez ce mélange sur les tartines grillées avec une palette.

5 Coupez la ciboulette.

6 Et répartissez-la sur les tartines. Assaisonnez de fleur de sel et de poivre du moulin.

7 Découpez les tranches et dégustez !

Leçon n°26 Crème de petits pois

Préparez tous vos ingrédients.

Écossez les petits pois et gardez les cosses.

Épluchez les échalotes et coupez-les en rondelles. Taillez la ventrèche en dés.

Dans une grande casserole, faites fondre le beurre sur feu moyen (1).

Faites revenir les échalotes (2) et la ventrèche (3) dans le beurre fondu.

Effeuillez le thym directement dans la casserole (4) et déposez-y le laurier.

Ajoutez les cosses de petits pois (5) et faites-les cuire en les remuant durant 2 à 3 minutes.

Versez l'eau (6), couvrez et laissez cuire durant 1 heure environ sur feu moyen.

Pendant ce temps, procédez à la cuisson des petits pois.

Portez l'eau à ébullition, ajoutez les bouillons cubes de volaille, le laurier et le thym. Plongez-y les petits pois et faites-les cuire durant 20 à 30 minutes (selon la grosseur des petits pois) sur feu doux. Ils doivent rester légèrement croquants à l'intérieur. Lorsqu'ils sont cuits, mettez-les à refroidir au réfrigérateur.

Lorsque les cosses sont cuites, versez-les dans le bol d'un mixeur (7) et mélangez-les longuement.

Dans un récipient, filtrez les cosses, incorporez-y le mascarpone (8) et mélangez (9).

Assaisonnez et entreposez cette préparation au réfrigérateur jusqu'au moment du service.

Au moment de consommer, répartissez la crème de petits pois dans six récipients, parsemez dessus les petits pois cuits.

Décorez avec la crème montée et les feuilles de menthe, et dégustez bien froid.

Ingrédients

Pour 6 personnes

Temps de préparation : 25 minutes

Temps de cuisson : 1 heure environ

750 g de petits pois dans leurs cosses

3 échalotes

120 g de ventrèche

40 g de beurre en morceaux

2 petites branches de thym

2 feuilles de laurier

2 l d'eau

50 g de mascarpone de bonne qualité

fleur de sel de Guérande

poivre du moulin

Pour la cuisson des petits pois

1 l d'eau

2 bouillons cubes de volaille

3 feuilles de laurier

1 branche de thym

Pour la finition et la décoration

15 cl de crème montée

quelques feuilles de menthe

Dans une casserole, faites fondre le beurre sur feu moyen.

2 Faites revenir les échalotes émincées…

3 puis la ventrèche coupée en lamelles.

– Effeuillez le thym et ajoutez le laurier.

5 Versez dans la casserole les cosses de petits pois vides et faites-les revenir quelques minutes.

6 Ajoutez l'eau, couvrez et laissez cuire sur feu moyen durant 1 heure. Pendant ce temps, faites cuire les petits pois.

7 Lorsque les cosses sont cuites, versez-les dans le bol d'un mixeur et mélangez longuement.

8 Après avoir mixé, filtrez la crème à l'aide d'une passoire fine dans un récipient et incorporez le mascarpone.

9 Mélangez, assaisonnez de fleur de sel et de poivre du moulin. Placez au réfrigérateur.

Les adresses de Christophe

Les ustensiles de « pro »

Gobel (cercles à tartes et moules)
5, rue de Chambray – 37304 Joué-lès-Tours Cedex
Tél. 02 47 78 47 78

G. Detout
58, rue Tiquetonne – 75002 PARIS
Tél. 01 42 36 54 67

Sté Michel Lejeune
3, rue Bernard-Palissy – 92600 Asnières
Tél. 01 47 90 51 93
Possibilité de vente par correspondance

www.patishop.fr

Les produits rares et épices du monde entier

La Grande Épicerie
38, rue de Sèvres – 75007 Paris
Tél. 01 44 39 81 00

Les thés

Betjeman and Barton
23, bd Malesherbes – 75008 Paris
Vente par correspondance au 01 34 75 91 13

De la belle vaisselle

Bernardaud
11, rue Royale
75008 Paris

Du bon pain et des bons kouglofs

Boulangerie Felder
141, Grand-Rue
67130 Schirmeck

Un hôtel incontournable

Le Kléber hôtel
29, place Kléber
67000 Strasbourg
www.hotel-kleber.com

Mon site Internet

www.christophe-felder.com

Mon e-mail

christophefelder@wanadoo.fr

Stylisme

Un très grand merci pour les fabricants et boutiques cités :

Bernardaud
www.bernardaud.fr
pages 72, 92

Coursange
Tél : 04 75 03 99 99
www.coursange.fr
Page 8

Odile Créations
Tél : 06 80 42 56 68
www.odile-creations.com
pages 32, 64, 84,

Revol porcelaine
26240 Saint-Uze
Tél : 04 75 03 99 99
www.revol.fr
Pages 16, 20, 36 (cuillère), 66, 80

Weck
www.techna.tm.fr
page 58

Tous mes remerciements sucrés, frais et sincères…

À Hervé de La Martinière, il est là !

Et à Stéphanie Vukovic qui s'investit comme un vrai chef.
Merci pour son écoute pro sans faille. Action !

À Laure Aline pour sa subtilité et sa diplomatie…
son travail précis et minutieux. J'ai toujours de la chance.

À Brian Joyeux pour son sérieux, sa volonté et son amour partagé de la gastronomie pâtissière.
À ses parents Ineke et Jean-Marie.

À Jean-Pierre Stephan pour son aide.
À Alain Gelberger, pour ses photos, son écoute très professionnelle et sa maîtrise du temps.
À Catherine Bouillot qui se donne à fond dans son travail, avec succès !
À Benjamin pour sa patience et son talent.

À Carole, à Martine et Françoise Vauzeilles.
À Cécile de Book'n Co et Sylvie Kempler.
Et bien sûr, à la Felder family.

Achevé d'imprimer en mars 2006
Dépôt légal : avril 2006
Imprimé en Italie